Von Herz zu Herz

Alexandr Schmidt

Von Herz zu Herz (Upanischaden für Europea)

Bibliografische Information der Deutschen Nationalbibliothek
Die Deutsche Nationalbibliothek verzeichnet diese Publikation
in der Deutschen Nationalbibliografie; detaillierte bibliografische Daten
sind im Internet über http://dnb.d-nb.de abrufbar.

© 2014 Alexandr Schmidt
Umschlagdesign, Satz, Herstellung und Verlag:
BoD - Books on Demand
ISBN 978-3-7357-4460-9

Inhalt

Ach Schönheit von Welt

Ach Schönheit von Welt
Ach Reichtum von Welt
Wo sind ihre Wahrheit und ihr Sinn?

Suche nach Schönheit,
Suche nach Wahrheit
Das ist Suche nach Gott.

Aber nicht verwechseln:
Lebst Du mit Leid oder mit Licht,
Dann spricht Deine Wahrheit
Von Deinem Gesicht

Was willst Du vom Leben?
Was suchst Du im Leben?
Nur die Liebe zu Gott
Das ist Wahrheit, das ist Schönheit

Die göttlichen Kräfte sind überall
Wo ist die Wahrheit?
Da sind die Kräfte
Wo sind die göttlichen Kräfte?
Da ist Freiheit und innere Schönheit

05.02.2001

Alte Weisheit

Wie kann ich Ruhe im Kopf finden?
Hat mich ein Mann gefragt
Suche Gott dann wirst Du sie finden
Habe ich ihm gesagt

Wie kann ich Liebe für mich finden?
Hat mich ein Mädchen gefragt
Liebe Gott und dann wirst Du sie finden
Habe ich ihr gesagt

Was ist die Zeit und was ist die Ewigkeit?
Haben die Kinder gefragt
Die Zeit ist nur das Leben
Und ewig ist göttliche Liebe
Habe ich ihnen gesagt

Wie kann ich auch so groß werden?
Hat mich ein Knabe gefragt
Groß bist Du nur mit herzlicher Liebe
Habe ich ihm gesagt

Wie kann ich Deinen Gott sehen?
Hat mich ein Forscher gefragt
Liebe die Menschen,
Dann wirst Du Ihn sehen
Habe ich ihm gesagt

Wer bist Du, uns dieses zu sagen?
Hat mich eine Frau gefragt
Ich bin wie Du, ein Gotteskind
Habe ich ihr gesagt

Was ist die Welt? Wollen wir wissen
Haben die Leute gefragt
Die Welt ist nur Licht von Liebe
Habe ich Ihnen gesagt

Wie kann ich Traurigkeit überwinden?
Hat eine alte Frau gefragt
Du musst die Kinder spielen sehen
Habe ich ihr gesagt

Dann sage Du uns, was ist das Leben?
Haben die Menschen gefragt
Es ist eine Chance, Liebe zu finden
Habe ich ihnen gesagt

10.11.1999

Bitter Lemmon

Warum so bitter dein Getränk, oh Liebe?
Für dich das Leben ich schenke, oh Liebe
Ich höre immer Dein Gedicht
Und meine Seele ist nur für Dich

Ich bin so kalt und dann so heiß
Manchmal erkennst Du mich nicht gleich
Du blitzt und strahlst und auch knallst

Ich will Dich hören, riechen, schmecken
Von Dir ein Licht entdecken
Und ganz mein Weg soll mit Dir sein

21.11.1998

Das Leben

Atmen, Sehen, Hören, Spüren,
Lieben, Schweigen
Das alles ist Leben
Wer erlebt das alles?
Das alles erlebt Gott durch Dich

19.10.2005

Die Erde atmet

Die Erde lebt
Die Erde atmet
Die Erde lacht
Die Erde schläft

Wir werfen die Bomben
Die Erde weint
Eine kleine Zelle, die in meinem Bauch ist,
Kann auch die Erde sein
Überlegt Ihr, was Ihr tut!
Werft keine Bombe hinein
Die Frau küsst meinen Bauch mit Liebe
Und die Erde erblüht
Und hat keine Wunden
Und weint nicht mehr
Sei ein Kämpfer, ohne zu kämpfen
Sei eine erblühende Blume
Sei wie ein Vogel, um zu fliegen
Sei wie ein Kind, um zu lachen
Aber werfe keine Bombe in den Bauch hinein

18.09.2005

Die Reise

Tauchen wir tief ins Wasser
Fliegen wir hoch in den Himmel
Fahren wir weit weg, um andere Länder zu sehen?
Wollen wir uns immer verstecken?
Oder eine Maske aufsetzen?
Wollen wir uns mit Kunst oder Hightech zudecken?
Wollen wir unser Ego dadurch ausdrücken?
Alle diese Masken, Künste und Kollagen
Sind nur Spiegel unserer Seele
Die Liebe ist das Tor zur Quelle
Alle unsere Reisen sind nur die Flucht vor unserem Selbst
Oder eine Rückkehr zu unserem Selbst.

30.08.2005.

Die Zeit

Die Zeit und Heute
Die Zeit und die Leute
Die Zeit und die Berge
Die Zeit und die Sterne

Jetzt kommt die Zeit, um zu erwähnen:
Man muss Neid und Hass verbrennen

Die Zeit, um nicht miteinander zu streiten
Die Zeit, um göttliche Liebe zu verbreiten
Die Zeit, um unsere Erde zu verschönen
Und alle streitenden Länder zu versöhnen

Sie können die Zeit niemals verschieben
Dann leben Sie jetzt mit göttlicher Liebe!
Umarmen Sie jetzt Länder und Städte!
Vielleicht ist es morgen schon zu spät

25.11.1999

Brief an Jesus

Ich schreibe einen Brief an Dich
Ich wollte Dir sagen
Deine Liebe lebt in mir
Ich kann sie nicht versagen
Ich kann sie nicht entfernen
Ich kann sie nicht vergessen
Die Glücklichkeit von Sternen
Nicht einfach zu ermessen
Ich habe Dich getroffen
Und glücklich bin ich für immer
Du hast mein Herz geöffnet
Und das vergisst man nie mehr
Wir treffen uns schon wieder
Erkennen uns in Sternen
Ich kann Dich nie verlassen
Und nie von Dir trennen
Wir haben uns in tausend Jahren nie verabschiedet
Wir haben uns tausend Jahre lang erkannt
Durch Gottesliebe
Sternenblitz und Herzensklang

25.10.1999

Ein Gefühl

Ich frage euch, was überhaupt die Liebe ist?
Vielleicht ein Weg nach innen
Und kennenlernen, was du bist
Für ein Gefühl in freien Sinnen

Und riechen überall die Blumen
Und schauen überall die Welt
Von Schwierigkeiten nicht verkrümmen
Und liebt den Gott und nicht das Geld

05.11.1997

Eine Begegnung

Wir haben uns gesehen irgendwann
Wir haben uns verstanden irgendwann
2000 Jahre sind vorbeigelaufen
Und deine Liebe ewig blüht
In meinem Herz

25.10.1999

Eine Botschaft

Wir fliegen über die Länder
Wir singen über die Liebe
Wir sind Engel, wir sind Engel
Mit zwei schönen, göttlichen Flügeln

Wir kommen zu jedem Menschen
Der sicher im Glauben steht
Wir bringen eine Botschaft,
Dass die Erde ins Licht eingeht

Wir bitten die Menschen ruhig zu sein
Und nicht miteinander zu streiten
Nur mit schönem, goldenem Herz
Sich zum Lichteinstieg vorzubereiten

19.12.1999

Ein Weiser

Ich will nicht mehr von Dir hören
Ich will nicht mehr von Dir lesen
Ich will leer sein und alles vergessen
Ich will neue Leinwand entfalten
Ich will nur an die Zukunft anhalten
Ich mache die Welt auf meine eigene Weise
Ich bin ein Weiser

12.11.2002

Erleuchteter

Die Erde ist warm
Der Himmel ist kalt
Und die Natur ist so bunt
Das hat Aller Gott gemalt

Die Liebe zu Gott ist ein schönes Getränk
Gedanken sind schneller
Das Leben ist ein Gottesgeschenk
Und Licht sieht man noch heller

Das ist ein uraltes Konzept!
Du lebst, wenn Du atmest, prima!!
Der Mensch, der mit Gott in Verbindung steht,
Erwärmt dein Herz immer

12.01.1999

Ewig zu Hause

Der Sonnenblick scheint und steigt die Kräfte
Ich schaue die Bäume am Rhein
Mein Herz hat viele Kräfte
Kräfte zur Rettung, Kräfte zum Schutz
Schütze ich Bäume, schütze ich Kinder,
Schütze ich kranke Leute und viele Behinderte.

Breitet sich meine Wärme in vielen Gebieten aus
Viele dankbare Gesichter bringe ich mit nach Hause
Nach Hause?
Wo ist denn Dein Zuhause?,
Fragen die Leute an
Zuhause ist die Göttliche Liebe
Denken Sie mal daran!

28.04.1999

Ewiger Strahl

Blitzender Strahl vom Himmel
Das ist eine Fadenverbindung
Verbindung mit ewigem Körper
Verbindung mit ewigem Gott

Die Menschen binden sich immer
Mit allen vergehenden Dingen
Vergessen sie aber den Vater
Der ewig von Himmel strahlt

Lernst Du von Fehlern
Und denkst Du daran
Dann bringt Dich dein blitzender Silberfaden
In ewigen Liebesaschram

Dort gibt es keine rennende Qual
Dort gibt es kein irdisches Streben
Nur vom Licht ein ewiger Strahl
Herzliche Liebe in der ganzen Umgebung

Lernst Du die Weisheit vom Blitzenden Strahl
Fällst Du nicht mehr in Trübung
Dann findest Du Dich im göttlichen Tal
Das ist Deine lebenslange Übung

27.02.2001

Ich fragte den Wind

Ich fragte den Wind
Wo liegt die Wahrheit?
In Bewegung
Antwortete er
Ich fragte das Feuer
Wo liegt die Wahrheit?
In der Wärme
Sagte das Feuer
Ich fragte den Schnee
Wo liegt die Wahrheit?
In der Kälte
Sagte der Schnee
Ich fragte die Natur
Wo liegt die Wahrheit?
In Veränderung
Antwortete sie
Ich fragte das Leben
Wo liegt die Wahrheit?
Im Lernen
Sagte das Leben
Ich fragte die Psychologin
Wo liegt die Wahrheit?
In der Logik
Antwortete sie
Ich fragte Dalai Lama
Wo liegt die Wahrheit?
Darin dass ich Dalai Lama bin
Antwortete er

Ich fragte den Arzt
Wo liegt die Wahrheit?
Auf meinem Konto
Antwortete der Arzt
Ich fragte ein Kind
Wo liegt die Wahrheit?
In meinen Eltern
Sagte das Kind
Ich fragte Gott
Wo liegt die Wahrheit?
Frage die Liebe
Antwortete Gott
Ich fragte die Liebe
Wo liegt die Wahrheit?
Frage Dein Herz
Sagte die Liebe

Ich fragte mein Herz
Wo liegt die Wahrheit?
In mir
Sagte das Herz

01.12.200

Ich sage Dir nichts

Sing mir, Wind, Dein Herbstlied
Ich sage Dir nichts
Sag mir, Priester, Dein Gottesdienstwort
Ich sage Dir nichts
Zeig mir die reichsten Länder der Welt
Ich sage Dir nichts
Zeig mir die schönsten Frauen der Welt
Sie sind wie Puppen für mich
Und mein Herz ist stumm
Zeig mir die Zauberer dieser Welt
Sie sind wie Narren für mich
Sing mir, Universum, Dein ewiges Lied
Ich sage Dir nichts
Ich spüre Erfrischung in mir
Dein ewiges Licht verwöhnt meine Augen.
Ich sage Dir nichts
Ich bin nur Dein Beobachter.
Deine ewige Liebe erwärmt mein Herz
Ich sage Dir: „Nichts"
Wem sollt' ich was sagen?
Denn der, der in meinem Herzen wohnt
Kennt jeden Gedanken von mir
Hört all meine Worte
O Gott!
Schweigen mit Dir ist ein ewiges Glück!
Aus schweigender Liebe
Hast Du das ganze Universum erschaffen

Alles ist nur Form Deiner ewigen Kraft
Nur „Nichts" hat keine Form
Weil Du dieses „Nichts" bist,
Mein Gott

10.11.2002

Inneres Glück

Ein Mann küsst eine Frau
Die Frau ist glücklich
Eine Frau küsst einen Mann
Der Mann ist glücklich
Ein Kind sieht das alles und lacht und tanzt
Das Kind ist sehr glücklich.
Das alles sieht Gott und er ist der Glücklichste

14.10.2005

Kinder vom Himmel

Ich lebe und ich weiß warum
Ich mache keine Schritte zu Ruhm
Die Liebe kann Seele verbreiten
Mit Lachen im Himmel zu reiten

Ich wähle die schönste Gegend
Die Sonne lacht mir entgegen
Die Wolken, ach Wolken, die tanzen
Die Sterne, die singen Romanzen

Wo alle Weisheiten verstorben,
Wird niemand von Sekten verdorben
Und kein theoretischer Schimmel
Ich lebe und liebe
Ich lache mit Kindern vom Himmel

09.11.1999

Leidenschaft und wahre Liebe

Du bist schön und Du bist süß
Ich umarme Dich und küsse
Ich umarme Dich und streichle
Ich will beten, ich will beichten

Ich will fühlen und genießen
Hartes Bett und flaches Kissen
Deinen Körper, Deine Beine
Es ist Nacht und es sieht uns keiner

Dein Gesicht und Deine Augen
Strahlen Liebe wie die Tauben
Ach, wie schön die Leidenschaft
Es ist eine Gefangenschaft

Fliegt mit mir in Befreiung
Und wir bringen uns in Frieden
Das sind glückliche Momente
Körper, Seele, Geist, Liebe

Ob wir finden uns im Fluss, ob im Wald, ob in der Wüste
Das ist wirklich ganz egal
Singen wir wie Nachtigallen
Sprechen wir wie Salomon
Siehst Du dort ist Gottessohn

Blickt er lieb und voll Vertrauen
Ich will seine Augen schauen
Lass mich jetzt von ihm verführen
Ich will seine Liebe spüren

Sein Gesicht ist unvergesslich
Seine Liebe unermesslich
Seine Strahlung kann mich blenden
Aber jetzt will ich beenden
Dieses Bild macht mich verrückt,
Denn ich habe immer Sucht
Sucht nach allgemeinem Frieden
Sucht nach Gott und Gottes Liebe

23.04.2001

Nur ein Schwung

Nur ein Schwung und schon bist Du da
Von dieser Welt zur anderen Welt
Du brauchst keinen Guru und keinen Avatar
Du brauchst keine Macht und Geld

Du brauchst nur Nichts
Dieses Nichts ist Alles
Von dieser Welt und von anderer Welt
Du brauchst nur Nichts
Und siehst doch alles
In dieser Welt und in anderer Welt

Du spürst keine Zeit
Du spürst keinen Raum
Du brauchst nur Nichts
Dieses Nichts ist Gott

Nur ein Schwung
Und Du bist weder groß noch klein
Vergiss mein
Vergiss dein
Nur ein Schwung
Schon öffnen sich die Türen
Zu allen Geheimnissen
Und allen Lektüren
Nur ein Schwung
Dann kleine Pause
Du bist im Licht
Und im ewigen Zuhause

Nur ein Schwung und schon bist Du da
Wo leben die Gurus und Avataren
Nur ein Schwung und ewiges Licht
Durchstrahlt Deinen Körper und Dein Gesicht

01.08.2001

Om

Alle Winde spielen mit mir
Alle Wüsten flüstern mit mir
Alle Wolken tanzen mit mir
Alle Sterne singen dabei
Viele Menschen lächeln entgegen
Und die Seele fliegt in Befreiung
Mein Geist ist sehr zufrieden
Und Gott beobachtet das alles
Und öffnet die Blüten der Pfirsichbäume
Und sagt mir, rieche den Duft
Du wirst die Wahrheit vom Leben verstehen
Die Liebe und Frieden sind immer in Dir
Wir singen das ewige OM.

21.08.2005.

Sei in Stille versunken

Sei in Stille versunken
Das Meer der Weisheit umarmt Dich
Der Wind bringt Dir neue Nachrichten
Der Fluss wäscht Deinen Körper ab

Sei in Stille versunken
Dann findest Du einen Funken
Der Deinen Körper anzündet
Und ihn revitalisiert

Sei in Stille versunken
Du wirst zwanzig Jahre jung
Mit der Weisheit im Kopf
Und der Liebe im Herzen

Sei in Stille versunken
Dann wird die Seele nie dunkel
Nur das goldene Licht
Durchstrahlt Deinen Körper und Dein Gesicht

Sei in Stille versunken
Und lass Deine Seele klingen,
Klingen nach Glück und ewiger Liebe
Dann kommt ein Verständnis über alle Dinge

Sei in Stille versunken
Sag Dankeschön der Sonne
Sag Dankeschön den Wolken
Sag Dankeschön dem Regen
Sag Dankeschön den Menschen
Sag Dankeschön den Kindern
Lass Dein Herz sich mit der Welt versöhnen
Dann wird Gott Dich verwöhnen

07.09.2003

Sei nie alt, sondern ewig

Sei in Dir und sei überall
Bring Deine Kräfte in Astral
Sei in Dir und sei in Gott
Reinige Deinen Kopf von Müll und Schrott

Sei eine Blume, öffne dich langsam
Dann strömen die Kräfte wie ein Balsam
Sei ein Mensch und sei ein Gott
Dann wirst Du verstehen gibt es keinen Tod
Gib für die Menschen viel Wärme
Sei nicht so kalt wie eine Laterne
Sei mit dem Wind, wenn er singt
Sei mit dem Kind, wenn es weint
Du lebst, wenn Gott in Deinem Herzen klingt
Hast Du verstanden, was ich meine?

Jeder mein Blick
Jeder Dein Atemzug sind
Nicht mein und nicht Dein
Das ganze Universum ist nur sei
Hast du verstanden, was ich meine?
Sei großzügig, dann ist die Welt Deine
Dann wirst Du die wichtigste Sache verstehen

Es klingt so einfach und so frei
Nicht haben, sondern sein
Sei mit Gott glückselig
Dann wirst Du nie alt, sondern ewig

09.04.2003

Tao

Lass Dich frei von allen Dingen
Wirst Du Gottes Lieder singen
Wischst Du weg Gedankenschmutz
Das ist Dein Geistesschutz

Schickst Du Liebe, schickst Du Glück
Durch befreiende Gedanken
Das ist Deiner Seele Schmuck
Dann bekommst Du großen Dank

Grüß die Sonne, grüß die Berge
Meditierst Du Stück für Stück
Dann bekommst Du Licht und Liebe
Sie sind Quelle deines Glücks

Wenn Du tief in Dein Herz
Ein Gedanken Honig gießt
Dann befreist Du Deine Seele
Dann entdeckst Du Paradies

14.08.2000

Wenn ich liebe

Wenn ich trinke, habe ich Durst
Wenn ich esse, habe ich Hunger
Wenn ich fliege, bin ich ein Vogel
Wenn ich dufte, bin ich eine Rose
Wenn ich strahle, bin ich eine Sonne

Wenn ich atme, bin ich lebendig
Wenn ich faste, bin ich ein Yogi
Wenn ich suche, bin ich ein Schüler
Wenn ich schaffe, bin ich ein Mensch
Wenn ich spreche, bin ich ein Dichter
Wenn ich träume, bin ich Geist
Wenn ich schlafe, bin ich tot
Wenn ich liebe, bin ich Gott

10.11.2002

Wer bist Du?

Sag mir bitte, wer Du bist?
Sag mir bitte, wo Du wohnst?
Schick ich Dir einen Brief
Schick ich Dir einen Trost
Schick ich Dir meine Liebe
Schick ich Dir mein Lied

Meine Liebe ist eine Strahlung
Meine Liebe ist eine Brücke
Meine Liebe ist eine Heilung
Zwischen uns gibt keine Lücke

Ich bin Du und Du bist ich
Du bist tief in meinem Herzen
Wir sind beide immer da
Wir sind beide immer Eins
Das ist Wahrheit, kein Scherz

Weiß ich doch, wer Du bist
Weiß ich doch, wo Du wohnst
Ich bin ein Gotteskind
Du bist ein Vater, Gott

Du hast mein Herz geöffnet
Für den Frieden und die Liebe
Liebesfluss wird nie getrocknet
Ich war da und immer da
In der Ewigkeit geblieben

10.09.2008

Wo sitzt Gott?

Wie schön ist das Leben
Was immer Du brauchst
Wird Dir gegeben

Dann lass Deine Ängste
Und alle deine Sorgen
Dann siehst Du Gott
Und alles ist in Ordnung

Sprichst Du nicht mehr
Bleibst Du im Schweigen
Wie kannst Du Gott mit Worten zeigen?

Gott ist Licht
Gott ist Liebe

Du brauchst kein Wort über Gott zu schreiben
Gott sitzt genau in Deinem Herz
Und zwischen den Augen

12.01.1999

От сердца к сердцу.

Я раздвину руками небо и раздую черные тучи.
И окунувшись в бездну столетий я почувствую дух свой могучий.

Оглавление

Кто же ты…?

Крик души во мне взорвался
Сильный мощный, и порой
Я метался, рвался, гнался
В своих мыслях за тобой
Пролетая над лесами
Видя чёрные поля
Я искал тебя годами
И не находил тебя
Кто ж ты всё же? Лес иль речка
Или может мотылёк
Или может быть ты нечто
То, что в мыслях прорастёт
Я проснулся нежный запах
Взял в свой плен, мня с утра
Мысль запрыгала внезапно
Это ты – любовь моя.

Август 1991г.

Калагийя – Калагайя.

Ах вы люди, ой вы боги
Разного в вас много, знаю
Только дух скрепляет многих
Калагийя- калагайя.

Тот кого когда то встречу
На просёлочной дороге
Посмотрев в глаза его я
Прочитаю: Калагайя

Он улыбкой светоносной
Озарит весь лес играя
И сосна мне тихо шепчет
Калагийя- калагайя.

Кто всю жизнь свою сжигая
В кабаках, в пирушке дымной
Не узрел, прошла ты мимо
Калагийя- калагайя.

Кто всю жизнь по белу свету
Все дороги покоряя
Перед смертью вдруг услышит
Калагийя- калагайя.

Иногда такое чувство
Что давно тебя я знаю
Ты живёшь там в Гималаях
Калагийя- калагайя.

Груз земных вещей снимая
Дух мощнейший обретая
Дух, в котором ты живая
Калагийя- калагайя.

Родниковою водицей
Души наши отмывая
Всё ж не каждому ты скажешь
Калагийя- калагайя.

Знаю я твой свет всесильный
В речке в травах в небе синем
Ни когда нас не покинет
Счастья светлая надежда

Это я отлично знаю
Калагийя- калагайя.

Сентябрь 1993г.

Город золотой (Демиурги)

Ах душа моя душа
Ты летишь на крыльях дружбы
Ничего мне здесь не нужно
Только крылья и душа.

И тогда сказать бы мог
Это первый мой урок
Оторваться от рутины
И ворваться в мир не зримый

Ах душа моя душа
Ты всё видишь и всё знаешь
Когда ночью пролетаешь
Как земля то хороша

Не могу забыть дороги
Что ведёт в волшебный город
Где правители не спят
И сдержать конфликт хотят

Между небом и землёю
Между дружбой и войною
Претворяя все мечты
И нужна там очень ты
Моя душа

Июнь 1995г.

Покаяние

Прости меня боже, что вечером поздним
Покинул я дом свой с сумой на плечах
Я много скитался и жил как прохожий
Забыв и о доме и о ключах

Богатые страны увидел тогда я
Все лица как маски, а сердце как ртуть
Всё чаще Россию душой вспоминая
Частенько не мог я ночами уснуть.

Февраль 1994г.

Альфа и Омега

Безграничною любовью я осыплю все дома
И забудут люди горе и не вспомнят некогда
Ни оружия громады будут, видится тогда
Ни военные парады покорят все города

Безграничною любовью я окрашу все цветы
Ни в одной картине мира нет столь дивной красоты
Все поля, леса и горы оживут духом весны
От добра и счастья люди станут с космосом на ты

Безграничною любовью я укрою землю нашу
И скажу ей очень тихо: «Становись планет всех краше»
Станет сильным человек в безграничный божий век
Станет добрым человек в безграничный божий век

И любовью безграничной оживит весь космос он
Так как в нём и есть начало, так как в нем и есть конец
Он и первый и последний, он и альфа и омега
Да имеющие уши, пусть услышат на конец.

Март 1994.

Радость

Эту радость никто не забудет
Эта радость приходит с годами
И когда эту землю покинем
Она вновь будет в месте и с нами

Пролетали солнца восходы
Пролетали солнца закаты
И знаменья и многие мысли
Зародились до жизни когда-то

Как-то всё это многое было
Всё это где-то когда-то жило
Только радость ту сердце никак не забыло
Через много столетий в душе пронесло.

16. Марта 1996г.

Письмо Исусу

Я укреплюсь своей верой к тебе
И пронесу твоё имя в сердце
Был ты лучом всем родным на земле
И незнакомым и иноземцам

Был и остался в наших сердцах
После распятья как символ безгрешный
А для меня ты есть и живёшь
Как человек, но просто нездешний

Нездешний, который пришёл и ушёл
Который любил и лечил этот мир
Погрязший во тьме кромешной

Я ищу тебя всюду и нахожу
В каждой травинке
И в каждой улыбке
Ни когда не забуду силу твою
Любовь и веру твою.

Январь 1995г.

Столб светящийся

Столб светящийся во мне
Силы мощные не дремлют
Обниму я крепко землю
И прижму её к себе

Лёгким дождиком умою
Быстрым ветром подсушу
И с душевною волною
Пять стихов ей посвящу

В тех стихах скажу я ей
Будь ты всех планет добрей
Не стреляй не убивай
Береги своих детей

Дай ты им тепло и ласку
Обогрей и накорми
И они, отбросив войны
Станут добрыми людьми

Все планеты засмеются
И луна вдруг оживёт
Люди наконец проснутся
И любовь ко всем придёт.

Март 1994г.

Нити детства

Иду спокойно не спеша
Луна так светит одиноко
А надо мной летит моя душа
Спокойно и широко

Кричу я ей: «Не торопись!»
Вокруг весь мир неповторимый
Даша кричит: «Меня держись,
И будешь ты всегда счастливый»

Иду спокойно не спеша
И солнце светит одиноко
Но хватит нам на всех тепла
Хоть наша жизнь порой жестока

Кричу ему: «Согрей меня!
Не прячь лучи за облаками!
Скажи куда ведёшь любя
Весь мир небесными шагами!»

Иду тропой и нахожу
Я детства солнечную душу
Вот потому я всех люблю
И это слово не нарушу

Незримы нити дружбы нашей
Любви незримая волна
И с вами мне нигде не страшно
О бог, о свет и о земля.

Декабрь 1993г.

Тихий голос в ночи.

Это мы учителя
Мы слагаем песнь свою
Оглянись вокруг себя
И отбрось же спесь свою

Будь красивым стойким сильным
Вихрем взвейся в небо сине
И когда прошьёшь века
Будем мы с тобой всегда
Вместе видеться и знаться
Во вселенной разбираться
Познавать и создавать

А пока иди же смело
Без оглядки реж углы
Укрепись душой и телом
Помни: «Рядом где-то мы»

Март 1994г.

Что такое всегда?

Так что же такое всегда?
Спросили однажды дети
Капля росинки? В ручье вода?
Кто может на это ответить

Наверно всегда – это млечный путь
Пытался астролог ответить
Всегда это новой надежды звезда
Что с небосклона светит

Всегда – это сила, несущая вдаль
Новых открытий и новых столетий

Я также усвоил что есть никогда
Оно существует только сегодня
Оно – это злоба, невежество тьма
В нем нет ни силы, ни жизни господней

И завтра туда не придёт никогда
Забудьте, что там вы найдёте всегда

Так что же такое всегда?
Спросили однажды дети
И как-то проснувшись и улыбнувшись
Я понял всегда это что-то большое
Что бьётся в груди и может на всё ответить

Всегда – это сила сердечной любви
Так вот не забудьте дети.

27.Июня 1997г.

Человек (Ученик – 100 лет)

Пролетим над мирами звёзд
И увидим много комет
Там не видно ни бед, ни слёз
И насилия нет нигде

Только всюду струящийся свет
И повсюду любовь струится
Мы летим над каскадами звёзд
И забудьте, что нам это снится

Неземная небес красота
Сколько силы в галактиках вечных
Не бывал ещё здесь никогда
А может и жил здесь когда-то беспечно

Жил любя сквозь века пролетая
Сколько там людей интересных
Те века, что здесь называя
Мы живём, эти дни считая

Но когда-нибудь тоже узнаем
О струящемся свете небесном
Не забыть никогда тот космический бег
Человек – это школьник, бегущий сквозь век.

Февраль 1995г.

Просветление.(детский смех)

В это жаркое лето
Превратившись в атлета
Я смеюсь, как смеются дети
Я не знаю где лягу
И не знаю где встану
Я иду тем путём что наметил

Я не знаю, что будет с моею судьбой
Я не знаю астрологов песен
Только знаю, что путь я наметил тогда крутой
И весь мир для меня будет тесен

Грянет гром мне вдогонку и скажет постой
Подожди, небосвод будет светел
Только где же взять время на вечный покой
Так как путь я наметил крутой
И смеюсь, как смеются дети

Я б хотел время смыть
И хотел бы ожить
В том каком-нибудь из столетий
Где, не зная вражды
И не зная потерь
Беззаботно смеются дети

Сколько мудрости в смехе детском
Позавидовать могут тибетцы
Тот же Будда на землю когда-то пришёл
И в улыбке детей эту мудрость нашёл

И бегу я под солнцем и сильным дождём
Сквозь года и руины столетий
И смеюсь как всегда той улыбкой простой
Той, которой смеются дети

Так проснись человек
Пробудись и запой
Песню счастья свою на рассвете
И шагни сквозь века
С той улыбкой постой
С той, с которой смеются дети.

14.Августа 1998г.

Многовековая встреча

Время мчится как река
Омывая берега
Мы увидимся не скоро
Распрощались на века

Но когда-нибудь узнаем
И когда-нибудь поймём
Кем мы были в этой жизни
И кем станем мы потом

Встретим мы судьбы приметы
Что раскроет нам глаза
Будет сладко, будет горько
Но обмоет всё слеза

И узнаем мы друг друга
И прочтём в глазах признанье
И начнётся новый круг
В высших сферах мирозданья

Новый запах новый голос
Закружится новый мир
Но всё тот же сердца стук
Те же песни звёздных лир

Ах река моя река
Ты бежишь, пронзая горы
Мы увидимся не скоро
Распрощались на века.

4.Ноября 1998г.

Встреча друзей (Белое Братство)

Когда ночь подойдёт к балкону
И рассыплет множество звёзд
Подойди и всмотрись в это небо
И заметишь следы белых грёз

И узнаёшь друзей забывших
Тех, что были с тобой всегда
Тех, что слиты со временем вечным
Как в журчащем ручье вода

Тех, что знали, когда ты падал
Тех, что знали, когда ты вставал
Тех, что слышали как когда-то
В первый раз слово «Мама» кричал

Тех, что слышали слово печали
Тех, что слышали слово любви
Тех, что когда-то тебя наблюдали
В разных странах этой земли

Они чувствуют всё и всё знают
Они книгу галактик листают
Они видят тебя и балкон
И прошепчут, что жизнь это-сон

Сон, который начался и кончится
Сон без сознанья и сон суеты
А если всмотреться в то небо бескрайнее
Сразу узнаешь кто ты и где ты

Так дай же им руку, скажи: «Люблю вас»
Обними и крепко прижми
И весь мир проснётся в раз
В лоне нашей старушки земли.

12.Сентябрь 1997г.

Hypotalamus (Точка отсчёта)

Так откроем же двери материи
Так раздвинем же рамки времени
Всё, что было когда-то задумано
Всё лежит только в нашем темени

Все, что было когда-то построено
Всё, что было когда-то написано
Где же было всё это до того
Как внезапно темя пришло

Что же это за темя волшебное
Где лежит все открытия чудные
Что за точка, где всё бескрайнее
И кто связан с ней навсегда

Тот, кто строит небесные дали
Где нет, не тоски не печали
Тот, кто тоже когда-то на землю пришёл
И в своей голове эту точку нашёл.

10.Августа 1997г.

Просьба друзей

Свежесть воды и сила огня
Всё кипит во мне, стой поры
Как позвал ты когда-то меня
Посетить иные миры

Там счастье повсюду светится
И нет ни времен, ни столетий
Я б ушёл туда быстро
И прямо сей час

Только кто-то всё держит
И шепчет: «Для нас»
Ты черкни пару сточек для нас.

14.Августа 1998г.

Любовь воцарилась в сердце моём.

Любовь воцарилась в сердце моём
И лёгкая дрожь окутала тело
О сколько веселья в теле моём
Я слышу, как райская птица запела

Любовь воцарилась в сердце моём
В душе сторожит тишина
Я чувствую нежный запах роз
И гладит мне ноги морская волна

Любовь воцарилась в сердце моём
И тело не чувствует веса
Промчались столетья
И только осталась розовая завеса

Любовь воцарилась в сердце моём
Наполнив меня вселенским огнём
Ах тысячи лет мы были вдвоём
И всё расцветает во мне, стой поры
Как любовь воцарилась в сердце моём

Сентябрь 2005г.

Ах сколько красок у любви

Ах сколько радости в любви
Ах сколько счастья и свободы
Ты только вовремя узри
Не будь зависим от погоды

Ах сколько сказок у любви
И солнце вспыхнуло мгновенно
В твоей груди, в моей груди
Напомнив, что душа нетленна

Ах сколько красок у любви
Ах сколько много вдохновенья
И глазки нежные твои
И голос, жаждущий мгновенья

Ах сколько танцев у любви
Красивых сильных энергичных
В них трепет бабочки полёт пчелы
И элегантность райских птичек

Ах сколько песен у любви
Красивых нежных и протяжных
И взмоют высь мечты твои
Тогда свершится всё что важно!

23.Марта 2008г.

Я хотел бы исчезнуть в море любви…

Я хотел бы исчезнуть в море любви
И остаться навечно и навсегда
Я б хотел заглянуть в твои божьи глаза
И испить из них вечный нектар как тогда

Я б хотел окунуться в радость любви
И очнуться от комы невежества чистым
Чтобы сердце мое стало троном любви
Чтобы тело мое стало юным и быстрым

Я хотел бы зажечься светом любви
И раздать этот свет всем народам и странам
Я б хотел закружиться в вихре любви
И раздать ту любовъ голубым океанам.

Я б хотел в небо взмыть светоносным лучом
Раствориться в сверкающем свете небесном
Чтоб блестели от счастья все мысли мои
Чтобы познаны были все мудрости бездны.

Я б хотел окунуться в мудрость любви
И проснуться вновь чистым и освещенным
И познать твои вечные тайны небес
Что даны были только сверхпосвященным

Я хотел бы услышать твой божественный звон
И запеть твою вечную песню.
Чтоб откликнулся в сердце космический ОМ
И очистил мне душу навечно

Я б хотел окунуться в твой вечный дух
Чтоб откликнулся в сердце кохам
Чтобы каждый очнулся и понял тогда
Что Бог – это есть свет любви и он сам.

Я хотел бы очистить все небо огромным размахом
И разбрасывать звезды большими горстями
Чтоб обрадовать землю и каждое сердце
Чтоб вечно делиться любовью с гостями.

Май 2008.

Дух вселенной.

Я раздвину руками небо
Я раздую чёрные тучи
И окунувшись в бездну столетий
Я почувствую дух свой могучий

Этот дух заряжает солнце
Этот дух освящает воду
Этот дух раскрывает сознанье
Растворяет земные невзгоды

Этот дух есть божья сила
Этот дух он в тебе и во мне
Он везде и внутри и во вне
Чтобы кровь в тебе не остыла
Чтоб душа в тебе вечно любила
Пребывай во вселенском огне

Пребывай же в любви и радости
Чтоб зажечь в себе свет вселенной
И раздай этот свет для благости
И познай в себе дух нетленный.

21.Августа 2008г.

Осенняя радость

Вновь побродить по осеннему парку
И пошуршать жёлто-красной листвой
И улыбнуться солнцу нежаркому
И вновь обнять небосвод голубой

И закружится осенним ветром
И пролететь стаей птиц над рекой
И пробежаться легко одетым
И насладится жизнью самой

Взвесить всю жизнь как листик красный
Взвесить в ней вечное и преходящее
Чтоб не потратить жизнь понапрасну
Вечное в ней замечать по чаще

Чтоб свет галактик вошёл в наше тело
Чтобы любовь наполняла нас силой
Чтобы свершилось всё, что хотелось
Чтоб сердце вечным светом искрилось.

25. Сентября 2008г.

Посвяти для любви…

Посвяти для любви день первый, второй и третий
И тогда вознесёшься в рай
И тогда проживёшь ты много столетий
Потомучто любовь несгораема

Посвяти для любви своё сердце и мысли
И вдохни её радость ранней весной
Ведь любовь нам поможет жизнь осмыслить
И остаться самим собой

Ведь любовь нам поможет душу наполнить
Радостью светом и состраданием
Обратись же к любви и быстрее как можешь
Осознай смысл любви в мирозданьи.

12 .Ноября 2008г.

Океаны полные любви.

Океаны полные любви
Горные вершины мирозданья
Растеклась моя любовь
В реках милых и больших
Наделив наш мир космическим сознаньем.

Собираю я звёзды ночами в тумане
Омываю их нежно млечным путём
Разбросаю их вновь, когда солнце восстанет
Точно там мы их в чистом небе найдём….

Растеклась моя любовь во все фрукты на земле
Во все корни во все зёрна и цветы
Чтоб любовью этой все мы насладились
Ты и я – я и ты…

01. Декобря 2008г.

Когда пропоёт петух

Мы живём на земле только раз
А может и два, а может и семь
Но кто же может сказать
Что покинем мы мир насовсем

Что напрасно бежали к мечте
Спотыкаясь горя душой
Не найдя покоя нигде
Видя сны из жизни иной

Что, рождаясь, кричали навзрыд
Не поняв, где мы есть
Подрастая пытались понять
Где мы там или здесь?

Что ж, потеряно всё навсегда?
Тогда, кто же родил этот свет?
И кто заселил города?
Кто придумал велосипед?

Тот, кто знал, откуда пришёл
Тот, кто знал куда уйдёт
Он давно уже всё рассчитал
Что петух для всех пропоёт

И тогда вдруг вместе
Все мы поймём
Сколько жизней все мы прожили
И сколько ещё проживём.

Апрель 1994г.

Слова

Слова это только слова
Как можно добиться истины
Но все же любовь права
Никто не спешит так быстро к нам
Как любовь сама.

Никто не скажет так искренне
Никто не задаст вопросов нам
Никто не ответит на них
Слова это все слова
Никто не отнимет истины
Если любовь права.

Никто не обидит безжалостно
Никто не заставит прятаться
Если любовь права

Слова это только слова
И слава останется славою
И сила исчезнет не правая
И мысли рождаются здравыми
Так как любовь права

Права во всех направлениях
Права во всех измерениях
Права во все времена
А слова это только слова

В начале было слово
В конце остается любовь.

11.11.2011.

Побудь со мной наедине

Побудь со мной наедине
Мой бог моя любовь
Твой нежный голос слышится во мне
Взывает к жизни вновь

Твой светлый взгляд
Дает мне счастье и улыбку
Твое дыханье греет кровь
И я забуду все несчастья и ошибки
И подарю тебе вселенскую любовь.

Твой нежный запах тронет мою душу
И засияет солнце вновь
Побудь со мной наедине
Мой бог моя любовь

Каскады шумных водопадов
Полет осеннего листа
И множество счастливых взглядов
Обрадуют меня тогда

Пропой мне звонко свою песню
Чтоб сердце бросилось плясать
И чтоб проснулся я в том месте
Где мы с тобою снова вместе
Где свет и радость льются в кровь
Побудь со мной наедине мой бог моя любовь.

21.03.2008.

Мир искусства.

Мир искусства
Мир загадочный огромный
Мир искусства обнимаешь нас любовью томной
Сколько скрытых мыслей разговоров объяснений
Ты диктуешь нам порой весенней.

Сколько разных красок форм движений
Сколько молчаливых взглядов и знамений
Улыбнись напротив нас Джакондой скромной.
И раздай нам радость вдохновенья
Радость познаванья счастья жизни
Мир искусства сильный и огромный.

12.05.2014.

Огонь души.

Гори гори камин души
Давай тепло нашим сердцам
Раздай нам горсточки любви
Раздайся эхом по горам

И освежи листвою землю.
И напои водой живое
О сколько силы и любви
В тебе и мне живет порой

Гори гори огонь души
Окутай счастьем все живое
И расстели ковер любви
 Где мы с тобою только двое

Гори гори огонь души
Раздай нам мудрость вдохновенье
Полет в счастливые миры
И легкость радость обновленья

Гори гори огонь души
От вечной силы вновь гори.

18.05.2014.

Твои глаза.

В твоих глазах я вижу мир прекрасный
В твоих глазах я вижу танец жизни
Я достаю из них все звезды неба
Все безгранично где б я не был
Когда я вижу свет в твоих глазах.

В твоих глазах сверкает радость жизни
Восходит и заходит солнце
В них нет преград они как космос вечный
И чувствую себя в них навсегда беспечно
И беспредельно радуюсь в твоих глазах.

Твои глаза рождают солнце в сердце
В твоих глазах щебечет радость мыслей
И пробивается росток сквозь землю
И бабочка садится на цветок
И тонет весь могучий океан.

И радость встреч и траур расставаний
О сколько новых мыслей новых знаний
И легкость новых начинаний
Все это вижу я в твоих глазах.

27.05.2014.